# O Caminho

## em busca da Luz

ANNGELA MARCONDES JABOR

# O Caminho
## em busca da Luz

MYSTIC

2ª Edição - Abril / 2004

Revisão
**Joanna Flordeliz de Aguiar**
Ilustração da capa
**Anngela Marcondes Jabor**
Projeto Gráfico e Editoração Eletrônica
**Ligia Cassiavillani**



MYSTIC

Caixa Postal 157 - Campinas-SP - CEP 13012-980
mysticeditora@mysticeditora.com.br
www.mysticeditora.com.br

A todas as pessoas que, mesmo perdidas,
procuram um caminho, que as levem
a dar as mãos a outras, mais perdidas.

Agradeço primeiramente, a Deus por mais esta realização e, principalmente por todas as oportunidades que Ele me dá, para que eu possa crescer e cumprir a minha missão.

Agradeço aos anjos, que me dão força e serenidade, nos momentos difíceis, mas necessários para que eu possa aprender a lição.

Agradeço às pessoas, que valorizam o seu próximo pelo que ele é e não pelo que ele tem.

Agradeço a todos que respeitam a vida de toda espécie.

E, obviamente, agradeço às pessoas que se dão ao trabalho de colocar pedras em meu caminho, pois sem estas seria difícil a construção da minha própria estrada.

# Acreditar Sempre!

Sempre acreditei que tudo nos é possível, desde que acreditemos nesta possibilidade de realização, principalmente, quando temos vontade e determinação. Prova aqui estou dando de que tudo pode ser realizado e qualquer objetivo pode ser concretizado.

Há muito tempo vinha nutrindo uma vontade de pintar "tela" até que resolvi. Saí de minha covardia e me propus a ir atrás de alguém, que pudesse me ensinar. Conversei com várias pessoas, algumas me incentivaram, outras me deixaram receiosa e até com vontade de desistir. Mas como uma boa virginiana "teimosa", segui em frente, deixando o tempo se incumbir da "hora certa". Até que um belo dia, "não por acaso", passei em frente de um local onde estavam expostos vários quadros na vitrine e um cartaz anunciando a formação de novas turmas para o curso de pintura, em telas. Na mesma hora, desci do carro e entrei. Logo fui atendida pela proprietária do espaço, "a querida Mazé". Fiz tantas perguntas, até que depois deste interrogatório sem fim, a Mazé me convenceu a entrar para o curso.

Neste mesmo dia, me matriculei em uma turma que já estava fazendo o curso, à noite. Fui para casa, mas durante toda a tarde, fiquei muito ansiosa, não via a hora de ir para a "tal curso".

Às 20:00 horas cheguei ao local do curso e fui apresentada ao professor Mário, "um amor de pessoa" e, aos outros alunos. Peguei todo o material e me sentei.

Logo o Mário veio até a mim. Confesso que fiquei meio nervosa, pois os outros alunos já estavam bem adiantados. Bem, em quatro aulas (4 semanas) já tinha meu primeiro quadro*.

Nem eu mesma acreditava. Passava o tempo todo sentada à frente dele, admirando a minha "obra-prima".

Continuei com o curso e fiz outros quadros, inclusive este que ilustra a capa deste livro, minha 4ª tela. Pode não ser uma "obra de arte", mas o que importa é que acreditei e concretizei mais um entre tantos objetivos.

Relato este fato para que você, que também tem tantos objetivos a realizar e ainda não os realizou por receio, arregaçe as mangas e vá atrás de concretizar os seus objetivos.

Lembre-se que tudo nos é possível, desde que queiramos.

Sempre vitória!

---

* Veja-o na página 169.

# Apresentação

Há períodos em nossas vidas em que nos deparamos com certas dificuldades e, dependendo de quais sejam, todas mexem com o nosso emocional. Quando este se desequilibra, sentimo-nos fracos, totalmente desamparados. Assim sendo, acabamos nos perdendo pelo caminho, até então traçado, para chegarmos a algum lugar. Voltamos sempre ao ponto inicial e, a qualquer momento precisamos retornar ao ponto em que paramos. Às vezes, - se não todas - as adversidades surgem com um propósito benéfico. Já ouvimos muito que *"Depois da tempestade sempre vem a bonança"*.

Na correria do dia-a-dia muitas coisas essenciais nos passam despercebidas, razão pela qual somos forçados a fazer uma parada obrigatória. Somente assim deixamos de ver e começamos enxergar com outros olhos. Ao trocarmos os nossos valores, muitas coisas se modificam ao nosso redor e, conseqüentemente, esta modificação abrange todos os setores de nossas vidas.

Geralmente, começamos a dar valor a algo ou a alguém, quando passamos pelo processo de perda. Infelizmente, só aprendemos qualquer que seja a lição que deve ser aprendida, através da dor. Está mais do que na hora de cada qual procurar seu aprendizado pelo amor, pelo prazer da busca e do próprio crescimento e não somente, quando tudo começa a desmoronar e nos leva para baixo. As pessoas só se voltam para dentro de si, quando as coisas não andam bem. Muitos me perguntam o que faço, quando minha vida está de pernas para o ar. É simples. Paro com tudo e começo a ler livros de auto ajuda, reflexões... pois acredito que, em algum livro, vou encontrar aquilo que busco, pegar a chave - *"mensagem enviada por algum anjo através de alguma frase"*, para abrir alguma porta e melhor me conduzir por esta estrada chamada vida terrena. Selecionei algumas frases, as quais aqui se encontram, para que da mesma forma que tanto me ajudaram, possam ajudar você a parar, refletir, para então melhor se conduzir nesta trajetória terrena. Quando acreditamos que "nada" de bom está acontecendo, em nossas vidas, estamos totalmente enganados, porque é justamente do nada que tudo começa a surgir. Todas tréguas forçadas, ou não, são necessárias. Se há tempo para tudo, também temos, por obrigação, encontrar tempo para parar e fazer uma avaliação da nossa conduta, em relação à vida. Jesus disse[1]: *"Façam o que quiserem, mas cuidem da vida"*.

*Isto não se resume em cuidar da própria vida ou da vida dos outros. Como muitos dizem, cuidar da própria vida já é difícil. Que dirá da vida dos outros! O cuidar da vida dos outros não é intrometer e atrapalhar, mas sim ajudar de alguma forma a pessoa a melhorar a sua vida.*

*Esta "vida", que Jesus falou, é a vida do planeta, a vida de um animal, a vida de uma pessoa... tudo que tem vida merece respeito e zelo.*

*Há pessoas que conseguem cuidar com tanto carinho de uma obra de arte ou de um pequeno ob-*

1- texto extraído do livro **A Senda dos Anjos**, Anngela Marcondes Jabor, Editora Mystic, 1997.

*jeto, como uma simples caneta e são incapazes de transferir este carinho a algo com vida.*

Enfim, mais do que nunca devemos nos conscientizar que o momento é para evoluir. Vamos seguir adiante, confiantes em que um mundo melhor está a caminho, prestes a bater a nossa porta.

Há tempos, venho guardando, no meu criado-mudo, estas frases que fazem com que qualquer pessoa pare e reflita sobre elas, escritas por pessoas naturalmente sábias . Não contente em tê-las comigo, resolvi transformar meu desejo em realidade. Juntei todas elas e criei este livro, que pode ser considerado um livro de cabeceira e ser consultado, logo ao amanhecer ou, à noite, um pouco antes do merecido descanso. Por incrível que possa parecer, ao abrir o livro, aleatóriamente, nos vem sempre a mensagem que precisamos, no momento. Leia sempre a página que coincidir com o dia. Se for dia ímpar, página ímpar; se for dia par, página par.

De coração, desejo que este não só se torne seu livro de cabeceira, mas o seu guia – o companheiro de todas as horas.

# Mensagem

Costumo iniciar meus livros sempre com uma mensagem. E este não poderia ser diferente. Não poderia iniciá-lo de outra forma senão esta:

**O Senhor é meu pastor,
nada me falta nem me faltará.**

**Em verdes campos, me faz repousar,
me conduz por águas tranqüilas**

**e reanima minha alma.
Guia-me pelos caminhos da justiça.
Honro Teu nome e Teu amor por mim.**

**Mesmo que eu ande por um vale de sombras, não temo mal algum, pois bem sei que ao meu lado está o Senhor.
Teu bastão e Teu cajado me confortam.
Estou sob Tua forte e poderosa proteção.**

**Na presença de meus adversários, prepara-me uma linda e abundante mesa para minha tranqüila refeição, unge minha cabeça com óleo perfumado, minha taça transborda de tanta satisfação.**

**Com Teu amor, prospero sempre!
Eu sou eternamente grato ao Senhor, que me é fiel, me acompanha e me acompanhará em todos os dias de minha vida.
Habito na casa do Senhor,
desde longa data para todo o sempre.**

---

**Nota da autora** - Sugiro que se possível você leia este salmo todas as noites, pois estas palavras ajudam a eliminar as impurezas do pensamento e do coração, na reconciliação com todos e traz muita proteção.

**Nota do editor:** Texto extraído do livro **Salmos Angelicais**, Editora Mystic, 1997.

"Todos nós, sem nenhuma exceção, temos direitos e obrigações. Infelizmente, a maioria das pessoas estão mais preocupadas em ter direitos do que cumprir obrigações".

**Anngela Marcondes Jabor**

"Quando você me diz
que não pode fazer
isso ou aquilo, eu não
acredito. O que quer
que você decida fazer,
é capaz de fazê-lo".

**Paramahansa Yogananda**

"Você não é um ser humano que está passando por uma experiência espiritual. Você é um ser espiritual que está vivenciando uma experiência humana".

**Dr. Wayne W. Dyer**

"Educai as crianças e
não será preciso punir
os homens".

**Pitágoras**

"O propósito da vida
é aumentar a nossa
felicidade aumentando
a felicidade dos
outros".

**Espinosa**

"O amor é a única solução para os problemas da vida".

**Marden**

"Tudo o que é feito com amor, resulta em grande satisfação".

Anngela Marcondes Jabor

"Grande é a dignidade das almas humanas, pois cada uma tem um anjo destinado à sua guarda desde o instante de seu nascimento".

**São Jerônimo**

"Sei que na somente
uma liberdade:
a do pensamento".

**Antoine de Saint-Exupéry**

"O bem que fazemos
na véspera fará a
nossa felicidade no dia
seguinte".

**Provérbio Hindu**

"Semeia açoes bondosas e colherás os seus frutos".

**H. Blavatsky**

"O homem verdadeiramente prudente não diz tudo quanto pensa, mas pensa tudo quanto diz".

**Aristóteles**

"O homem nunca sabe do que é capaz, até que é obrigado a tentar".

**Charles Dickens**

"Tão logo você diz que "não adianta", as coisas se tornam assim(...)Pensar que você não pode mudar à vontade é um engano".

**Paramahansa Yogananda**

"O ato de orar deve
ser tão natural
quanto o de respirar".

Anngela Marcondes Jabor

"Há um só Deus e Pai de todos, que está acima de todas as coisas e reside em todos nós".

**Efésios, cap.4, vers.6**

"É responsabilidade de cada indivíduo buscar seu próprio vínculo com Deus".

**Annie Kirkwood**

"O sucesso depende
de você, desde que
não faça o ombro de
teu irmão de escada".

**Arcanjo Uriel**

"Promover felicidade
é algo altamente
gratificante".

Anngela Marcondes Jabor

"Orai

e

vigiai".

**Jesus Cristo**

"O perdão não mais é necessário onde o amor realmente existe".

**Krishnamurti**

"O tédio entre duas pessoas não provém de estarem juntas fisicamente e sim separadas mental e espiritualmente".

**Richard Bach**

"Fugir dos problemas pode parecer a solução mais fácil, mas você só se fortalece quando luta com um adversário forte. Quem não tem dificuldades não cresce".

**Paramahansa Yogananda**

"De nada adiantará você acender uma infinidade de velas se o seu interior estiver apagado".

Anngela Marcondes Jabor

"A tristeza é fruto da ignorância e da incerteza".

Cinira Riedel de Figueiredo

"Se você se deparar
com um problema,
encare-o de frente".

Provérbio Chinês

"É fácil revidar, mas oferecer amor é a melhor maneira de tentar desarmar quem o persegue".

**Paramahansa Yogananda**

"Os grandes feitos
são conseguidos não
pela força, mas pela
perseverança".

**Samuel Johnson**

"Deixar a vida passar despercebida é o maior erro do ser humano".

Anngela Marcondes Jabor

"Nada pode ser
modificado até que
seja enfrentado".

**James Baldwin**

"Valho aquilo que sou
a cada instante".

**Antoine Saint-Exupéry**

"Não me envergonha confessar não saber o que ignoro".

**Cícero**

"Sou livre quando sou
capaz de amar o
instante da vida que
tenho nas mãos".

**Juan Arias**

"Não faças aos
outros homens o que
não queres que eles te
façam".

**Confúcio**

"O tempo é um alfaite especializado em arranjos".

**Faith Baldwin**

"Tudo é possível para aquele que crê".

Marcos 9;24

"Não existe
esperança de
felicidade a não ser
nas relações
humanas".

**Antoine Saint-Exupéry**

"Tudo aqui é
passageiro e, nesta
rápida passagem,
toda semente
plantada será
colhida".

Anngela Marcondes Jabor

"A humildade é o primeiro degrau para a sabedoria".

**Tomás de Aquino**

"Aprenda a reagir,
não contra-atacar".

**Buda**

"A minha fé mais profunda é que podemos mudar o mundo pela verdade e pelo amor".

**Gandhi**

"Ler sem refletir é

como comer sem

digerir".

**Marquês de Maricá**

"O laço que une a
sua família verdadeira
não é de sangue, mas
de respeito e de
alegria pela vida um
do outro".

**Richard Bach**

"Engana-se quem
julga conhecer-se,
vivendo mal".

**Santo Agostinho**

"O mais forte é aquele que sabe dominar-se na hora da cólera".

Maomé

"Uma atitude
vitoriosa é meio
caminho andado para
o sucesso".

**Artur Riedel**

"Aquele que não
demonstra o seu amor,
não sabe amar".

**Shakespeare**

"Só tem direito de criticar, aquele que tem coração para ajudar".

**Abraham Lincoln**

"Vive cada dia como se a tua vida tivesse começado agora".

**Goethe**

"Os dias prósperos
não vêm por acaso,
nascem de muita
fadiga e persistência".

**Henry Ford**

"A vontade é origem
da felicidade".

**Provérbio Suéco**

"As coisas mais essenciais para a felicidade são: alguma coisa para fazer, alguma coisa para amar e alguma coisa por que esperar".

**Joseph Addison**

"Acredite, a sua felicidade não está nas mãos de ninguém, depende exclusivamente de você".

Anngela Marcondes Jabor

"A prece é um ato
poderoso que põe as
forças do céu à
disposição do homem".

**Montaigne**

"A lembrança é uma forma de encontro".

**Khalil Gibran**

"A boa amizade é
para o homem o que a
água pura e límpida é
para o beduíno
sedento".

**Malba Tahan**

"Chorar é diminuir a profundidade da dor".

**Shakespeare**

"Se alguém está tão cansado que não te possa dar um sorriso, deixe-lhe o teu".

**Provérbio Chinês**

"Um homem que se entrega a Deus deixa de temer o homem".

**Gandhi**

"Um brilhante não é
polido sem ser
esfregado, nem um
homem fica perfeito
sem provações".

**Sabedoria de Israel**

"O homem sábio é
aquele que não se
entristece com as
coisas que não tem,
mas se rejubila com as
que tem".

**Epicteto**

"A imaginação é mais importante que os conhecimentos".

**Einsten**

"Para aqueles que têm força de vontade as ocasiões sempre são favoráveis, ao passo que os fracos vivem a esperar pela oportunidade".

Adão Mysak

"A condição necessária para a instalação da paz e da alegria é a consciência de que ambas estão disponíveis".

**Thich Nhat Hanh**

"A maior prova de coragem é suportar as derrotas sem perder o ânimo".

**Ingersoll**

"O homem não é
velho enquanto está
buscando alguma
coisa".

**Jean Rostand**

"Quando longe do lar
nos achamos, é que
damos o devido
valor".

**Goethe**

"Uma tarefa fácil
torna-se difícil quando
você a faz com
relutância".

**Terence**

"A paz de espírito é a recompensa dos que vivem honestamente".

**Célio Devenat**

"A felicidade não depende do que nos falta, mas do bom uso do que temos".

Thomas Hardy

"O homem que não diz o que sabe é como a nuvem que passa e não traz chuva".

**O. Herrera**

"O trabalho mais produtivo é aquele que sai das mãos de uma pessoa alegre".

**Victor Pauchet**

"Amar e pensar é a verdadeira vida do espírito".

**Voltaire**

"Persistir sempre!
Desistir jamais!".

**Anngela Marcondes Jabor**

"Quando há um conflito, pelo menos duas partes estão envolvidas. Portanto, não há briga, se você se recusa a dela participar".

**Paramahansa Yogananda**

"É melhor nos
ligarmos a
pensamentos de
eternidade do que as
coisas do aqui e
agora".

**Richard Bach**

"O fraco jamais perdoa; o perdão é característica do forte".

**Gandhi**

"A paz não pode ser mantida à força; só pode ser conseguida pela compreensão".

**Einsten**

"Uma alma irmã é alguém que tem fechaduras que se ajustam às nossas chaves e chaves que se ajustam às nossas fechaduras".

**Richard Bach**

"O tempo cura o que
a razão não consegue
curar".

**Sêneca**

"Os que nunca voltam atrás em suas opiniões amam mais a si mesmos que a verdade".

**Joseph Joubert**

"Nossa maior fraqueza é o grande temor de parecermos fracos".

**Bossuet**

"Feliz daquele que
encontrou um amigo
digno desse nome".

Menandro

"O coração humano
recusa-se a acreditar
num universo sem uma
finalidade".

**Kant**

"O impossível não existe, tudo é possível desde que se queira".

Anngela Marcondes Jabor

"Temos dois ouvidos e
apenas uma língua,
para podermos ouvir
mais e falar menos".

**Diógenes**

"A descoberta da verdade e a prática do bem são os dois objetivos mais importantes da filosofia".

**Voltaire**

"O verdadeiro
analfabeto é aquele
que aprende ler e não
lê".

**Mário Quintana**

"A vida de um homem

é o que seus

pensamentos

constróem".

**Marco Aurélio**

"A derrota não desmoraliza ninguém. O que desmoraliza é a vitória trapaceada".

**Gondim da Fonseca**

"Os homens sábios aprendem muito com seus adversários".

**Aristóteles**

"Sempre existe uma saída para qualquer problema por mais complexo e difícil que nos pareça".

**Pastorino**

"O encanto da vida
depende unicamente
das boas amizades que
cultivamos".

**Malba Tahan**

"Amar não significa
tornar o outro
adaptado, submisso ou
semelhante a nós.
Amar significa
libertá-lo, deixá-lo
livre, deixá-lo viver".

**Penny McLean**

"O homem que nunca errou, foi aquele que nunca fez coisa alguma".

**Michel Quoist**

"Não há mais alta majestade do que o domínio de si mesmo".

**Leonardo Da Vinci**

"A sua vida pode ser bela se assim você acreditar".

Anngela Marcondes Jabor

"O homem de
sabedoria não prova
nem exagerada
alegria num grande
sucesso, nem muita
dor numa derrota".

**Aristóteles**

"A prosperidade faz amigos, a adversidade os põe à prova".

**Ciro**

"Um covarde é
incapaz de
demonstrar amor; isso
é privilégio dos
corajosos".

**Gandhi**

"Somos responsáveis
pelo que fazemos, mas
também pelo que
deixamos de fazer".

**Moliére**

"Amar é ter vontade
de continuar a
caminhada para fazer
alguém feliz".

**Anônimo**

"A felicidade gosta
de entrar em lares nos
quais reina o bom
humor".

**Provérbio Japonês**

"Você nunca recebe
um desejo sem também
receber a capacidade
de torná-lo
realidade".

**Richard Bach**

"Um dia sem sorriso
é um dia perdido.

**Charles Chaplin**

"Perdoar é bom;
esquecer é melhor".

**Browning**

"Os olhos são cegos.
É preciso buscar com
o coração".

Antonie de Saint-Exupéry

"Não se aprende bem
senão pela
experiência".

**Bacon**

"O que quer que você possa fazer ou sonhar que pode, comece. A ousadia é genial, mágica e poderosa. Comece já".

**Goethe**

"Ontem é a lembrança de hoje e amanhã é o sonho de hoje".

**Khalil Gibran**

"Os grandes espíritos
sempre encontraram
violenta oposição das
mentes medíocres".

**Albert Einstein**

"Tudo e todos ao seu redor são seus mestres".

**Ken Keyes Jr.**

"Sei que não vejo as coisas como são. Vejo as coisas como sou".

**Laurel Lee**

"Que não se passe um
só dia sem buscar
saber. Que fiz hoje?
Se o mal, não o
repitas; se o bem,
persevera".

**Pitágoras**

"Os sábios não se afligem nem pelos vivos nem pelos mortos. Pois sabem que jamais deixarão de existir no futuro".

**H. Blavatsky**

"Se o homem persistisse em sua loucura, tornar-se-ia sábio".

**William Blake**

"O valor de um homem mede-se pelo seu querer, não pelo seu saber".

**Herbart**

"A fé e o ideal hão
de ser sempre as mais
poderosas alavancas
do progresso".

**Finot**

"Quem olha para
fora, sonha; quem
olha para dentro,
acorda".

**Jung**

"A maior energia que existe é impulsionada pela energia do ser".

Anngela Marcondes Jabor

"O silêncio é sempre belo, e o homem que cala é mais belo que o homem que fala".

**Dostoiewsky**

"Não há virtude nem
vitória mais bela do
que comandar e
vencer a si próprio".

**Bantôme**

"Eleva a tal ponto a tua alma que as ofensas não lhe cheguem".

**Descartes**

"Vigiai
cuidadosamente os
apetites e tendências
para não contraíres
maus hábitos e vícios".

**Franklin**

"Não olhes donde vens, olha para onde vais".

**Beumarchais**

"Afligir-se antes do
tempo é afligir-se
duas vezes".

**Barão de Stassert**

"Há na Terra uma única idéia superior: a imortalidade da alma".

**Dostoiewsky**

"Os domínios do mistério prometem as mais belas experiências".

**Einstein**

"Magia é a ciência e
a arte de fazer com
que ocorram
mudanças na
consciência".

**Dion Fortune**

"Conhecereis a
verdade, e a verdade
vos fará livres".

**Jesus Cristo**

"Grande talento
possui quem, sem dar
por isso, sabe tornar
os outros melhores e
mais felizes".

**Harriet Beecher**

"Cada manhã, o homem precisa levantar-se com nova provisão de bom humor, de vontade firme, de satisfação íntima".

**Alberto A. Lohmann**

"Quando se sabe e quando se quer, deve-se ter a coragem de ousar".

**Eliphas Levi**

"Acredite, você pode
criar hoje suas
oportunidades de
amanhã".

**Anngela Marcondes Jabor**

"O importante é aprender fazendo".

**Dr. Lair Ribeiro**

"O homem faz de si
a imagem de seus
desejos".

**H. Blavatsky**

"Se tu puderes crer,
tudo é possível para
aquele que crê".

**Jesus Cristo**

"Quem busca a
verdade, quem
obedece à lei do amor,
não pode estar
preocupado com o
amanhã".

**Gandhi**

"Porque é dando que
recebemos; é
perdoando que se é
perdoado".

**São Francisco de Assis**

"As palavras formam os fios com os quais tecemos nossas experiências".

**Aldous Huxley**

"Não é suficiente ter
uma boa mente: o
principal é usá-la
bem".

**René Descartes**

"Somos o que somos e estamos onde estamos porque primeiro o imaginamos".

**Donald Curtis**

"A vida é curta
demais para ser
pequena".

**Benjamin Disraelli**

"É nos momentos de
decisão que seu
destino é traçado".

**Anthony Robbins**

"O homem que sofre
antes de ser
necessário, sofre mais
que o necessário".

**Sêneca**

"Experiência não é o que acontece com um homem; é o que um homem faz com o que lhe acontece".

**Aldous Huxley**

"Nada existe de bom ou de mau, senão os pensamentos que fazem as coisas assim parecerem".

**Shakespeare**

"O homem não é a criatura das circunstâncias, as circunstâncias é que são criaturas do homem".

**Benjamin Disraeli**

"A nossa fé nos Anjos baseia-se na Palavra de Deus. Para eliminar este ensinamento, teríamos de alterar a própria Escritura Sagrada...".

**João Paulo II**

"Os Anjos nos ensinam lições que jamais aprenderemos em qualquer outra escola".

**Eileen Elias Freeman**

"Mude a sua mente e você mudará suas circunstâncias (...) a mente é um instrumento muito complexo, no qual executamos a melodia da vida".

**Phillip Cooper**

"Quando os Anjos
estão brincando
conosco, comunicam-
se, arranjando
coincidências e
encontros favoráveis".

**Terry Lynn Taylor**

"O desejo de nosso
Anjo da Guarda no
sentido de ajudar-nos
é muito mais intenso
que o nosso desejo de
receber a ajuda dele".

**São João Bosco**

Orais nas aflições e nas necessidades, bom seria que orásseis também na plenitude da alegria e nos dias de prosperidade".

**Gibran Khalil Gibran**

# Leituras Recomendadas


• A Voz do Silêncio, H. P. Blavatsky, Pensamento, 1991
• A Sacerdotisa da Lua, Dion Fortune, Pensamento, 1988
• Aos Pés do Mestre, Krishnamurti (Alcione), Pensamento, 1997
• Autobiografia de um Iogue, Paramahansa Yogananda, Summus Editorial, 1981
• Mensagens de Maria para o Mundo, Annie Kirkwood, Record-Nova Era, 1994
• Onde Existe Luz, Paramahansa Yogananda, Self-Realization Fellowship, 1997
• O Pequeno Príncipe, Antonie de Saint-Exupéry, Agir Editora, 1982
• Os Anjos, Espíritos Protetores, Pensamento, 1994
• Os Paradoxos da Sabedoria Oculta, Éliphas Lévi, Pensamento, 1986
• Salmos Angelicais, Anngela Marcondes Jabor, Editora Mystic, 1997

# Obras da Autora

## Anjos Guardiães e Cabalísticos
(12ª edição)

O 1° em mostrar e esclarecer a diferença entre Anjos da Guarda e Anjos Cabalísticos. Uma obra que tem o firme propósito de fazer com que o leitor se volta mais para o seu Anjo da Guarda e, receba, com gratidão, o reforço e o auxílio dos Anjos Cabalísticos, em seus pedidos mais específicos. Considerado por muitos como o livro que promove milagres . Neste você conhece um pouco mais as pessoas de acordo com o dia em que elas nasceram e pelo anjo que as protege. Aprenderá a fazer o Círculo Mágico dos Arcanjos, um ritual que se faz durante uma semana, de preferência no início de cada mês, para que ocorra beneficamente em sua vida. E muito mais que lhe promoverá uma vida mais satisfatória e feliz.

## Sos dos Anjos Guardiães e Cabalísticos
(7ª edição)

Atualmente, um livro muito procurado pelos leitores,pois em seu conteúdo há rituais com os 72 anjos cabalísticos e outros mais, de acordo com a sua necessidade momentânea. Alguns dos temas abordados no livro:

- Usando melhor o poder das palavras
- A presença da magia no seu dia-a-dia
- A importância de sua ação
- Transformações necessárias
- As flores e plantas dos arcanjos e anjos cabalísticos
- Os incensos dos arcanjos e anjos cabalísticos
- Os salmos dos arcanjos e anjos cabalísticos
- Pedras e cristais
- Tudo sobre velas
- Pantáculos
- Banhos

## Invocações aos Anjos Cabalísticos

Este livro ensina o leitor a invocar os anjos, sendo que com a invocação correta é muito mais fácil obter auxílio dos anjos na transformação e melhoria da própria vida. Seu conteúdo contém dicas valiosas como :

- Como saber quando se está sob a influência de um gênio contrário e como fazer para afastá-lo.
- Meditação para você fazer sua ligação direta com o anjo.
- Rituais diversos com os 72 anjos cabalísticos.

E muito mais que vale a pena conferir.

## Mensagens, Conselhos e Rituais Angelicais

Neste livro de linguagem clara e objetiva, de fácil manuseio, o leitor encontrará a resposta que tanto busca como também a solução que há tempos vem procurando. Em seu contéudo existe sugestões e conselhos, mensagens diversas e inúmeros rituais como:

- Para eliminar a depressão
- Encontrar objetos perdidos
- Aumentar as vendas
- Eliminar vícios
- Conseguir emprego e muito mais.

Viva feliz! A chave está em suas mãos!

## A Senda dos Anjos
### (4ª edição)

O caminho que o levará aos seres iluminados! Ao mais alto vôo ao encontro da sua busca, seja esta qual for. Um livro que fala dos Anjos Guardiães, dos Anjos Cabalísticos, dos Anjos Pessoais, dos Arcanjos e dos Mestres Ascensos. Do Planeta Terra e da Nova Era. Mostra as características de uma pessoa de acordo com o Raio que ela pertence. Ensina rituais com todos os seres aqui mencionados, dentro de toda hierarquia celestial. Além de inúmeras orações e preces, apelos diversos.

## Energias e Magias
### (9ª edição)

Desde que o mundo é mundo, somos envoltos por energias e magias. Dois temas extremamente importantes que se englobam num único tema - "A magia da energia do ser". Positivas ou negativas, as energias estão aí, em nós, em tudo e, em todos os lugares. Se somos envolvidos, diariamente, por elas, precisamos aprender a transformá-las e mantê-las sempre positivas, em prol de todos, inclusive de nós mesmos. Com este livro, através dos mantras, afirmações, orações, salmos, harmonização dos chackras, o uso dos florais, conhecimento dos sonhos, interpretações e mensagens, banhos, purificação externa, rituais, invocações e magias com os anjos e os elementais, sua energia será intensificada, proporcionando-lhe um bem-estar maior, o que resultará numa vida melhor. Acredite: *"A maior energia que existe, é impulsionada pela energia do ser".*

## A Magia das Energias - no dia a dia
### (4ª edição)

A magia está presente em todos os momentos do nosso dia-a-dia. Admitindo ou não, somos magos em potencial. Magia é o poder que temos em transformar realidades. Magia é energia e tudo em nossa vida é gerado por energias. Nada existe isoladamente, tudo está interligado. Tudo que existe ou venha a existir está em nós. O Universo é a nossa extensão. Somos manifestações de pura energia, infinita e eterna. *A Magia das Energias, no dia-a-dia*, é um livro que você deve ter sempre em suas mãos, pois ele traz em seu conteúdo, tudo o que você precisa para ter uma vida melhor.

## Magias para Encantar
### no mundo mágico em que vivemos

Um livro que traz rituais fáceis e práticos que promoverão benefícios a você e a tantas outras pessoas que necessitam do seu auxílio. Funciona como um manual, que traz soluções imediatas para a sua vida vida nas mais diversas situações. Basta apenas seguir as dicas que nele se encontram e acreditar na sua capacidade de realização. Viver é magia e aqui existe magias para o bem viver. Com certeza ele se tornará o seu companheiro diário e promoverá as mais belas magias no seu dia-a-dia, em todos os aspectos da sua vida.

## Caminho em Busca da Luz
(2ª edição)

Todas as pessoas têm períodos em suas vidas que são marcados por adversidades. E, nestas, muitos se perdem no desespero, rodam em busca de algo que, de imediato, solucione os problemas que tanto as afligem. Procuram por um milagre instântaneo, mas não percebem que apenas uma palavra ou uma pequena frase possa vir a ser a chave, que tanto necessitam para solucionar todos os seus problemas e abrir os seus caminhos. Por esta razão, *Caminho em busca da Luz*, traz este propósito, não o de somente ser a chave que tanto procura, mas antes de tudo, ser o seu guia - o companheiro de todas as horas. Veja algumas das frases extraídas do livro:

*"Os dias prósperos não vêm por acaso, nascem demuita fadiga e persistência".*

Henry Ford

*"Um dia sem sorriso é um dia perdido".*

Carles Chaplin

*"Nada existe de bom ou de mau, senão os pensamentos que fazem as coisas assim parecerem".*

Shakespeare

Basta abrir uma página deste livro e você terá a frase que vai lhe trazer a mensagem que tanto aguarda.

## Na Luz dos Anjos

Neste mundo tão escuro, não há nada mais gratificanteque poder caminhar Na Luz dos Anjos. O propósito deste livro é iluminar os corações que se escureceram com tantas tristezas já vividas e presenciadas.

De fácil manuseio, ele o fará refletir, em muitos momentos da sua vida. Com uma única frase ou mensagem lhe apontará uma luz. A luz que tanto deseja encontrar no seu caminho. Embarque nesta viagem e encontre a sua estrada Na Luz dos Anjos. *"Porque aos Seus anjos dará ordem a teu respeito, para te guardarem em todos os teus caminhos"*. - Salmo 91;11

## Tarô Instrumento de Auto Ajuda
### (4ª edição)

Este livro tem como objetivo maior, facilitar o acesso do leitor ao Tarô. De linguagem clara, simples e objetiva, dedicada a leigos e pessoas com dificuldades de entender a sua linguagem. Uma obra fácil de ser estudada e consultada a qualquer momento. Considerada pelos leitores como a melhor no Brasil. Muitos tarólogos se iniciaram através desta e muitos autores da área a citam em seus livros, em obras consultadas. Um livro importantíssimo para quem deseja se aprofundar no mundo encantado do tarô.

## Tarô A Solução Atual - com 22 arcanos maiores
### (2ª edição)

Numa época onde as pessoas buscam a cada dia, inúmeras alternativas para encontrar as respostas para os seus problemas e aliviar os seus tormentos, não tenha dúvidas que este lhe trará a solução. De linguagem clara e simples, fácil de ser entendida por todos a qualquer momento, o leitor aqui encontrará esclarecimentos, conselhos e afirmações que facilitarão o seu dia-a-dia, ajudando-o a solucionar a maioria dos seus problemas sem ter que depender de outros meios. Lembre-se: *"Quando você estiver em harmonia com seu EU, você estará em harmonia com o todo que lhe cerca"*.

## Minhas Preces e Orações Prediletas
(3ª edição)

Um trabalho dirigido a todas as pessoas, independente de seus credos. Baseado no propósito maior de união, este livro reúne várias preces, orações, apelos, invocações de várias religiões, crenças, doutrinas e filosofias que divergem em muitos aspectos, mas que seguem o mesmo objetivo - a união com Deus. Uma belíssima obra que traz alívio, conforto e grande auxílio nos momentos difíceis da sua vida.

## Salmos Angelicais
(8ª edição)

Este livro sem sombra de dúvida é um belíssimo trabalho. De linguagem clara e objetiva, acessível ao coração e de fácil compreensão. São 150 salmos transformados em ricas orações para cada momento ou situação. Reconfortante! Um maravilhoso auxílio!

Basta obtê-lo e crer para ver!

## Orações aos Anjos e Arcanjos
bênçãos dos ceús para as nossas vidas
(3ª edição)

Um livro repleto de orações específicas para anjos e arcanjos, úteis e benéficas para todos os momentos. Com este sua vida não será a mesma, surpresas agradáveis irão surgir a cada instante, suas esperanças serão aumentadas e sua fé fortalecida. Os anjos e arcanjos vão vir e preencher sua vida de boas novas, alegrias infinitas. Adquira-o e verá maravilhas acontecer no seu dia-a-dia.

## Companheiros de Jornada
nas emoções e razões dos relacionamentos
lançamento

## Livros editados pela Mystic

### Magia do Eu Posso

Élcio Souto / Sandra Meirelles

Acorde! É tempo de despertar!

Ainda há tempo para você despertar da letargia, do sono, da indolência, do fracasso, da tristeza, da amargura. Levante-se já! O dia está amanhecendo e o sol surge por detrás da grande montanha, trazendo seus raios de luz, vida, força, beleza e amor. Não espere nem mais um minuto, porque a partir de hoje você poderá mudar a sua vida através da Presença Divina do EU POSSO, que fala com você lá das profundezas de sua mente, oferecendo uma nova chance para recuperar o tempo perdido e mostrar um novo caminho. Este livro ensina o leitor a meditar e traz inúmeras meditações como para:

- Acabar com a solidão
- Dominar o medo
- Afastar a tristeza
- Desenvolver a intuição
- Superar a falta de vontade
- Ouvir a voz do Mestre

### Meditações para Despertar o Deus Interior

Sandra Meirelles

Um livro repleto de exercícios, mantras, visualizações e meditações diversas com os arcanos maires do tarô que ajudarão o leitor refletir no seu dia-a-dia, a resolver seus problemas de relacionamentos pessoais, familiares, afetivo, profissionais e financeiros. Também o auxiliará nas curas: física, mental, emocional, psíquica, espiritual e financeira. Uma verdadeira viagem para despertar o seu Deus Interior.

## Vozes no Jardim da Alma

Élcio Souto

O mundo em que vivemos não passa de uma grande ilusão criada por nossos próprios pensamentos, e, portanto, muda a cada santo dia. O que foi ontem, hoje não vale mais; o presente é hoje a semente que germinará amanhã. É bonito, é estimulante, mas também é trágico quando visto apenas sob os olhos da mente finita. Muitos portões que delimitam as fronteiras da nossa existência não passam de prisões criadas e impostas por nossa própria mente. Na verdade, nunca foram portões de acesso a nada, exceto em nossas imaginações. Palavras podem ser significativas, mas jamais expressam tudo aquilo que o coração sente. Neste livro, o autor retrata a magia do amor eterno, fala da união de almas gêmeas, ensinando cada um a respeitar o caminho do amor quando o encontrar.

Caminho - 2ª 04/2004

# MysticNews

**Informativo sobre os produtos da Editora Mystic**

Receba gratuitamente o Informativo Mystic News com todos lançamentos e novidades da Editora Mystic, basta preencher o cadastro abaixo e enviar para: Caixa Postal 157 - CEP 13012-970 - Campinas -SP ou faça seu cadastro pelo e-mail: mystic@mysticeditora.com.br

nome: ______________________________

end.: ______________________________

apto: ______________ bairro: ______________

cep: ______________ cidade/est: ______________

fone: ______________ e-mail: ______________

se desejar faça seu comentário sobre este trabalho

______________________________

______________________________

______________________________

______________________________

______________________________

______________________________

______________________________

______________________________

______________________________

______________________________

______________________________

______________________________

______________________________

______________________________

______________________________

______________________________